CAMILLE GORJU

Une Constitution Économique

PARIS (5e)

M. GIARD & É. BRIÈRE

LIBRAIRES-ÉDITEURS

16, RUE SOUFFLOT ET 12, RUE TOULLIER

—

1917

Une
Constitution
Économique

CAMILLE GORJU

—

Une
Constitution
Économique

PARIS (5ᵉ)

M. GIARD & É. BRIÈRE
LIBRAIRES-ÉDITEURS
16, RUE SOUFFLOT ET 12, RUE TOULLIER

—

1917

UNE CONSTITUTION ÉCONOMIQUE

	Représentations locales			Délégations régionales			Consultation nationale		
	Une par Division universitaire soit 16 Représentations en France (1)			Une par 4 Représentations locales soit 4 Délégations en France (2)			Chambre unique en France (3)		
	Pour chacune des 16 Représentations —			Pour chacune des 4 Fédérations —			Pour la Consultation —		
		Patrons	Employés		Patrons	Employés		Patrons	Employés
Agriculture.	Représentants	16	16	Délégués....	16	16	Consultants..	16	16
Industrie....	»	16	16	»	16	16	»	16	16
Commerce...	»	16	16	»	16	16	»	16	16
Banques	»	16	16	»	16	16	»	16	16
Transports..	»	16	16	»	16	16	»	16	16
		80	80		80	80		80	80
	Soit en France 2.560 membres élus dans les 16 Divisions universitaires			Soit en France 640 membres pris parmi les Représentants			Soit en France 160 membres pris parmi les Délégués (4)		
	Réunions trimestrielles			Réunions semestrielles			Réunion annuelle		

(1) Chaque Division universitaire élit, dans chacune de ses sections, 16 patrons et 16 employés à la Représentation locale. — (2) Chaque Représentation locale élit, parmi ses membres, dans chacune de ses sections, 4 patrons et 4 employés (le quart de ses membres) à la Délégation régionale. — (3) Chaque Délégation régionale élit, parmi ses membres, dans chacune de ses sections, 4 patrons et 4 employés (le quart de ses membres) à la Consultation Nationale. — Si bien qu'à la Consultation Nationale, chaque section de chaque Représentation locale est représentée par un patron et un employé. — (4) Les trois groupements, élus pour 4 ans, renouvelables annuellement par quart.

INTRODUCTION

Chaque grande époque historique eut ses tentatives de transformation et même d'organisation économique, appropriées au degré d'évolution des moyens de production et d'échange. A l'évolution formidable du dernier demi-siècle est venue se joindre la révolution farouche qu'est la guerre. Demain, la vie économique sera à refaire, les moyens à recréer, les chaînons à rattacher. Nous serons à un tournant de l'Histoire.

Les conditions économiques et sociales qui s'étaient déjà complètement transformées avant la guerre, tant du fait du développement industriel et des agglomérations urbaines qui en résultent, que du développement des moyens de relations et de documentations, s'exposeront, après la terrible épreuve que traverse le pays, sous une forme nouvelle, dont l'établissement aura une influence capitale sur les destinées du pays.

Nous nous trouverons en présence de deux thèses. La première sera la consécration du principe d'individualisme si cher à notre race et si conforme à nos traditions. La seconde sera l'évolution vers un principe d'organisation qui, si son esprit collectif est, en général, peu apprécié, aura cependant certaine valeur en tant qu'outil national. Franchement, quelle que soit notre bonne volonté, quelque désir que nous ayons de faire face victorieusement à des collectivités organisées, il est permis de douter que nous puissions, sur le terrain économique, nous incliner docilement devant l'enrégimentement et l'immatriculation civile.

Que devant le danger, la France accepte cet anonymat, c'est très possible, elle a fait mieux, mais que le danger passé, ou supposé tel, elle maintienne cette discipline intérieure, de tous les instants, c'est peu probable. Le principe de liberté individuelle tient trop au cœur des fils de la Révolution pour qu'on puisse l'annihiler par une tentative d'organisation, dont la non-application ménagerait cependant un réveil brutal et cruel.

Mais sans envisager cette organisation passive, cet enrôlement qui ne discute plus, ne peut-on concevoir un principe d'organisation basé sur le respect de l'individu, sur l'entente volontaire des diverses fractions du domaine économique ? Ne peut-on prévoir une organisation acceptée, codifiée sur les principes de légi-.

time défense, sur le sentiment national, sur l'esprit de solidarité ?

Au sortir du chaos monarchique, la Constituante de 1791 décréta les droits du citoyen. Après la Monarchie de Juillet, la Constituante de 1848, avant de proclamer la République et le suffrage universel, crut utile de décréter les devoirs du citoyen.

Les temps ont marché. Aux luttes de régime ont succédé, à l'intérieur, les combats plus âpres du domaine économique comme, à l'extérieur, aux luttes meurtrières, se substituera demain la lutte sur le terrain économique.

A des causes économiques, des solutions économiques s'imposent. A la troisième République, après avoir reconnu, avant la guerre, les droits du Travail, de proclamer, dans la paix, les devoirs du Travail et de se prêter à leur organisation sur le principe de la solidarité.

C'est sur ces bases que nous avons traité une étude d'organisation intérieure du travail et de sécurité économique dans la reconnaissance de nos traditions d'individualisme, dans l'application du principe égalitaire des droits et des devoirs du capital, du patronat et du salariat.

Et maintenant que vaut notre modeste participation à la construction de l'édifice sur lequel évolueront fatalement les générations futures ?

Il n'est point entré dans notre esprit que ce travail était une œuvre achevée. Dans la vie nouvelle qui va s'organiser, l'évolution sera rapide. Commencée au XIXe siècle par la plus belle éclosion d'inventions scientifiques que le monde ait connue, leur première utilisation pratique a été adaptée, presque exclusivement, à l'œuvre de destruction. Après l'épouvantable constatation des résultats, il est à présumer que leur application se tournera dans l'avenir vers la recherche du beau et de l'utile. Elle transformera rationnellement les méthodes de travail et améliorera les moyens de production et d'échange par l'organisation des groupements qui en sont la cheville ouvrière.

C'est à la construction de ce temple du travail que nous avons apporté notre collaboration. Là s'est limité notre but.

N'y a-t-il dans cet exposé qu'une conception théoriquement précise, mais matériellement irréalisable, ou, au contraire, un acheminement possible vers une ère de paix basée sur la compréhension plus nette et surtout plus généralisée de la réciprocité des intérêts ? Les faits en décideront, le lecteur évaluera.

Janvier 1917.

Une

Constitution Economique

LA REPRISE DE LA VIE ÉCONOMIQUE

Après la brusque surprise du mois d'août 1914, après la tragique période passée, pour les uns au combat, pour les autres dans l'angoisse sur le sort des êtres chers et dans l'attente fiévreuse de la victoire, pour tous dans la discipline passive, s'ouvrira une ère nouvelle, celle de la résurrection nationale.

L'heure sera toute aux réparations. Le pays pansera ses plaies, physiques, morales ou matérielles, la nation, majeure, rentrera dans la liberté. Demain, le travail recommencera sur tout le territoire, agriculteurs, industriels, commerçants, patrons, ouvriers, l'immense machine s'engrènera à nouveau pour féconder le pays.

Mais parlons franc. Est-il au monde une seule

machine, aussi perfectionnée, aussi souple soit-elle qui, après semblable désagrégation, après pareil choc, reprenne sa marche normale sans qu'aucun organe grince ? Pouvons-nous espérer que, dans la mise en marche du mécanisme économique, aucun rouage n'ait besoin d'huile pour repartir ? Peut-être est-ce possible, mais rien ne permet de l'affirmer et même en prévoyant le maintien de l'union sacrée qui a soutenu le pays aux heures de défense, des flottements partiels peuvent subsister au début et, en matière économique, un chaînon qui grince a une répercussion immédiate sur l'ensemble.

De plus, le monde économique va retrouver, en se remettant au travail, les procédés qui faisaient loi avant la guerre et qui, reconnaissons-le, bien que les ayant, par effet reflexe, profondément regrettés pendant la période tragique, ne jouissaient pas tous ni toujours d'une popularité universelle. Pour les mieux juger, reportons-nous à ce qui existait et fonctionnait avant la guerre.

Petit à petit, sous la force des événements, les divers éléments du monde économique venaient, chacun dans sa sphère, à l'association. C'étaient

un peu partout, cause ou effet, peu importe,
des embryons d'organisation collective qui se
constituaient. Et force nous est de constater
que les immortels principes des Droits de
l'Homme finissaient par trouver, en matière
économique, peu d'individualités isolées pour
faire librement appel à leur texte libérateur.

La Révolution, qui fut une crise aiguë d'individualisme, visa presque exclusivement dans
la Déclaration des Droits, à l'émancipation individuelle. Or, si de cette émancipation, nous
avons gardé intacte la garantie de nos droits ci-
viques et politiques, nous avions abandonné
ces mêmes garanties d'indépendance sur le terrain économique et cette évolution répondait
d'ailleurs pleinement aux nécessités de la vie
nouvelle créée par le développement intensif
du mouvement industriel, conduit par le grand
patronat des sociétés anonymes de l'Industrie,
de la Banque, des Transports et de l'Echange.

C'était la classe ouvrière groupée dans ses
syndicats, ses Bourses du travail, ses Fédérations et sa Confédération du travail. C'était le
petit patronat agricole associé dans l'Agriculture sous la forme de la coopérative de pro-

duction en vue de vendre le plus cher possible les produits transformés en commun. C'était la consommation réunie, dans les centres urbains, dans les coopératives de consommation, en vue de payer le moins cher possible les mêmes produits. C'était partout, dans tous les rouages, dans tous les milieux, la centralisation à outrance.

Et si l'on faisait appel à la loi, ce n'était guère que pour légaliser les abandons successifs des libertés économiques.

Or, en admettant que tout aille pour le mieux dans le meilleur des mondes, on n'a rien inventé depuis la guerre et ce que le Travail retrouvera, ce sont les outils laissés là pour aller combattre, les moyens que chacun critiquait, que tous ont abandonné temporairement avec regrets, que tous reprendront demain avec joie, mais qui, au bout d'un laps de temps indéterminé, seront susceptibles d'amener les mêmes critiques, puisque non améliorés, au contraire.

Et cela, d'autant plus, qu'au cours de cette dure existence qu'est la vie de campagne, chacun a pris, et très logiquement, conscience de sa valeur comme, vraisemblablement, chacun a la ferme intention de vivre dans la paix du produit de son travail.

Or, il est à présumer que ces mouvements qui, avant la guerre, entravaient la marche de l'ensemble par la valeur trop exclusive donnée par chacun à son groupe au détriment de l'intérêt général, se reconstitueront en s'accentuant. Disons même qu'il paraît logique que le groupement prenne un essor nouveau qui, de prime abord, paraîtra conforme à l'intérêt personnel.

Et alors s'accentuerait cette poussée d'association, suite fort compréhensible de la vie vécue en commun au service du pays, cette conscience de la force collective, qui se distinguait dans le domaine économique.

Dans la situation actuelle, où toute organisation générale est inconnue, où tous les groupements partiels sont soutenus et protégés tour à tour, au seul gré des circonstances, examinons, sans parti-pris, la situation de ces groupements, les idées dont ils vont s'inspirer et qui constitueront à nouveau la vie économique de demain.

Capitalisme.

Le régime capitaliste a, sur tous les systèmes existants, tentés ou préconisés, une supériorité écrasante, il est, il fonctionne, il assure la marche de la machine économique. De là à conclure qu'il est le modèle-type, de là même à espérer qu'il continue à assurer la marche de l'organisme, il y a un pas que nous ne franchirons pas.

En fait, le régime capitaliste est le résultat obligatoire de l'évolution du système. Et, arrivé à son heure, il répondit fort bien aux nécessités du moment.

Il n'entre pas dans cette brève étude de faire un exposé de l'organisation capitaliste. Nous prenons les choses où elles en sont, à un tournant de l'histoire et nous tâchons simplement de dégager de leur évolution rationnelle, les avantages et le préjudice qui en ressortent.

Au point de vue général, deux cas sont à envisager, sa valeur à l'intérieur et à l'extérieur du pays.

Au point de vue national, le régime capitaliste a donné l'élan aux grands mouvements de centralisation des quarante dernières années. Et à la concentration des capitaux où, la plupart du temps, l'individu, sans connaissances spéciales de l'affaire dans laquelle il fait ses apports, qui en achète une part ncn définie et qui devient ainsi un numéro anonyme, a répondu, de par la force même des choses, l'agglomération, puis la discussion et enfin l'association des salariés, d'intérêts superficiellement opposés à l'apport capitaliste.

Donc, apporteurs de capitaux, comme fournisseurs de travail, tous deviennent des atomes impersonnifiés de l'entreprise.

Seules, deux organisations collectives se sont créées.

Il est malheureusement évident que, de cette organisation même, a surgi une guerre de classes. D'un côté le capital qui veut produire quand même et distribuer des dividendes, de l'autre, le travail qui, devant les sommes engagées, veut profiter, réaliser de toutes façons aussi bien par un relèvement des salaires que par une diminution des heures de travail.

Devant le danger de l'application et surtout du développement de ce régime, un remède s'impose. Devant le danger de la bataille créée intérieurement, l'intensité du développement du régime peut devenir un péril national.

Voyons maintenant l'autre côté de la médaille.

Au point de vue international, les moyens rapides de relations et de documentations, la vulgarisation pratique des applications scientifiques, ont transformé la production et l'échange du monde entier, en une sorte d'immense caravansérail où pays acheteurs et vendeurs représentent autant de rayons d'une entreprise à succursales complexés et multiples. L'offre et la demande se font avec facilité et les échanges s'en sont accrus dans des proportions considérables.

Si telle est la situation en période normale, en revanche, en période anormale, un pays producteur, momentanément gêné par surproduction ou disette, verra sa situation immédiatement connue du monde économique international et devra supporter le choc, soit par une hausse à l'achat en cas de disette, soit par une baisse à la vente en cas de surproduction.

Or là, devant les intérêts opposés de l'étranger, la nécessité du capital s'impose pour parer ou supporter le coup. Que ce soit par l'intermédiaire du régime capitaliste existant ou par celui de tout autre système, la force du capital est prépondérante dans les relations internationales.

Nous n'en sommes plus aux chimères de fraternité universelle et il serait mauvais de ne pas voir les choses sous leur jour exact, dangereux de ne pas constater que, plus nous irons, plus les relations internationales deviendront indispensables à la vie de chaque Etat, relations uniquement basées sur la puissance du Capital. Que le régime capitaliste, tel qu'il fonctionne actuellement, ne soit pas, surtout, au point de vue social, le régime rêvé, nous sommes tous d'accord sur ce point.

Mais quels sont parmi les systèmes préconisés ceux qui sont capables de le remplacer ?

Quels sont les organes susceptibles de constituer le bloc nécessaire et suffisant pour faire face aux exigences des relations extérieures ?

Examinons les moyens proposés.

Etatisme.

Le premier en date fut l'appel aux pouvoirs publics. Il est avéré qu'employeurs et employés en ont fait abus.

L'esprit même qui préside à la division des circonscriptions électorales se prêtait merveilleusement à l'appel des pouvoirs politiques.

Sans tenter aucun rapprochement avec le mode de scrutin actuel, il nous est permis de rappeler que l'accord existant entre le député et ses électeurs, les idées échangées, la bataille commune entraînent forcément l'élu à s'attacher avant toutes choses aux intérêts de sa circonscription. Ces intérêts sont communs.

Dans le même ordre d'idées, la discussion de ces questions de clocher perd toute valeur à la tribune de la Chambre et, de plus, y sont traitées devant un nombre restreint de représentants, les connaissant peu ou mal. Il est évident que si l'on aborde à la tribune un problème de politique pure, chacun prend rang. Mais c'est le trouble, le flottement dès que viennent en discussion les questions sur les bouilleurs de cru, les crises vinicoles du Midi ou de la Champagne, les émeutes occasionnées par la cherté des vivres. Comme solution, on abolit immédiatement, pour le rétablir ensuite, le privilège des bouilleurs de cru, on envoie des troupes dans le Midi pour parer aux dangers d'une surproduction de vin, on s'en remet au Conseil d'Etat pour la recherche des délimitations en Champagne ou, contre la cherté des vivres, on propose un projet de création de coopératives municipales, pour six mois après, le retirer purement et simplement.

Et cela, c'est fatal. Au grand nombre de questions qui se posent chaque jour, un bon député, pour y répondre, devrait être un homme aux connaissances universelles. Ne l'étant pas obligatoirement, il se voit tenu de s'en rapporter aux élus des départements agricoles intéressés ou aux rapports des commissions d'enquête pour orienter son vote.

D'autre part, nous voyons en période troublée, l'Etat-patron jouer son rôle en matière économique. Si tous, nous approuvons sans réserves les mesures tendant à l'accroissement de notre puissance de résistance, nous l'approuvons en raison des circonstances. Mais nous ne voyons pas là un procédé rationnel, susceptible d'application constante. La nationalisation des moyens de production peut, en temps de guerre, être un intéressant moyen de défense économique, elle est, en temps de paix, un redoutable organe social. Prenons, par exemple, la nationalisation des mines. Peut-être est-il exact que l'évolution entraînerait, en temps de guerre, une augmentation de production, donc une diminution de prix. Bien que cela ne soit pas prouvé, admettons en le résultat économique. Mais au point de vue social, deux cas se présentent. Ou les ouvriers des mines, devenus employés de l'Etat, c'est-à-dire fonctionnaires à retraites, conserveront en temps de paix, le droit de grève dans l'organisation syndicale, et c'est alors la perturbation inacceptable dans les services publics, ou le droit de grève et d'organisation syndicale leur sera retiré, ce qui, vraisemblablement, correspondrait immédiatement à une déclaration de grève générale.

En résumé, le régime étatiste reste un procédé anormal assoupli aux périodes anormales. Programme d'un parti politique, peut-être intéressant dans son étude théorique, comme application à un Etat despotique, il reste inacceptable en fait pour une nation imbue de principes de liberté basée sur la propriété individuelle.

Il n'y a donc de véritablement intéressant dans la bataille économique et sociale actuelle que les deux organes développés par les fractions d'avant-garde : Le Syndicalisme et le Coopératisme.

Syndicalisme.

La Révolution qui assura et garantit la liberté politique de l'ouvrier entrava sa défense corporative par la suppression des maîtrises et des jurandes.

La maîtrise était, pour la classe des artisans, l'arme défensive de combat, le moyen de résister aux exigences patronales. La suppression des corporations la mit nettement en état d'infériorité. L'ouvrier isolé lutta, s'associa dans l'ombre jusqu'au jour où la loi sur la constitution des syndicats vint logiquement réparer le mal causé par la suppression des corporations.

C'est le 21 mars 1884 que fut votée la loi sur la constitution des syndicats professionnels. L'article 3 qui en définissait l'esprit était ainsi conçu : (Les syndicats professionnels ont exclusivement pour objet l'étude et la défense des intérêts économiques, industriels, commerciaux et agricoles.)

Depuis, le mouvement s'est parachevé.

En quelque endroit qu'il se trouve sur le territoire national, l'ouvrier syndiqué est enrôlé, d'abord dans la Bourse locale du travail, toutes corporations mélangées, les dites Bourses réunies en Confédérations, puis, de par son métier, dans les syndicats corporatifs groupés en Fédérations régionales de métiers.

Confédérations des Bourses et Fédérations de métiers sont, à leur tour, concentrées dans la Confédération Générale du Travail, organe central maniant à sa guise l'arme légale du syndicat, la grève.

C'est, en somme, toute une Constitution économique basée sur la loi syndicale, de même qu'est en train de se créer une nouvelle Constitution domestique, basée sur le récent programme de l'Unité Coopérative.

C'est la volonté marquée des éléments économiques et sociaux de discuter leurs intérêts dans des organisations nouvelles, face aux Assemblées législatives.

Le mouvement syndicaliste a évolué, nous ne voulons pas en faire l'historique, mais chercher à apprécier la portée de son évolution à l'heure actuelle.

Pratiquement, le syndicalisme peut se diviser en deux grandes catégories, le syndicat ouvrier et le syndicat patronal.

Le syndicat ouvrier qui tient la tête du mouvement n'a pas tardé à transformer son programme économique en programme politique.

Accusant 140.000 syndiqués en 1890, il comptait 1.055.000 membres en 1911, répartis en plus de 5.000 syndicats, soit une plus-value, en 21 ans, de 915.000 adhérents, soit une progression annuelle de 43.000 adhérents nouveaux.

A la base de son programme, figurent les deux clauses qui furent à l'origine de toutes les luttes sociales des vingt dernières années : l'augmentation des salaires et la diminution des heures de travail.

Le syndicat patronal, au contraire, est un élément de défense, il représente la propriété au soleil. Il compte environ 400.000 adhérents répartis dans 4.800 syndicats. Tard venu, mettant difficilement en pratique la contre-partie de la grève, le lock-out, son moyen le plus efficace de parade est généralement l'appel à l'autorité gouvernementale.

Et devant ces deux puissances opposées, sorties toutes deux de textes légaux, protégées tour à tour par la puissance gouvernementale, le problème syndical apparaît, en même temps qu'un des plus difficiles à résoudre, comme le plus dangereux et le plus compliqué des paradoxes sociaux.

La grave erreur du syndicalisme ouvrier fut d'avoir poursuivi de front et l'augmentation des salaires et la diminution des heures de travail. Leur poursuite collective, issue de la surenchère électorale, a créé un malaise latent entre employeurs et employés, malaise qui paralyse en grande partie les efforts économiques.

Au surplus, l'augmentation constante des salaires, jointe à une diminution non moins progressive des heures de travail, pourrait bien ne représenter qu'une fiction de bien-être.

En matière économique et sociale, tout se tient. L'employé est le maillon qui, dans la grande chaîne économique, représente le travail proprement dit. Or, le tort de l'organe constitué par le travail ne fut pas dans la recherche d'une augmentation de salaires, mais dans son opiniâtreté à exiger la diminution des heures de présence. Certes, certains abus existaient et existent peut-être encore, mais ces abus exceptés et contre lesquels il est d'ailleurs facile de sévir, le monde du travail se méprend en n'abordant pas le problème dans son ensemble.

C'est que si la discussion des salaires peut se régler de façon relativement facile entre employeurs et employés, il n'en va pas de même pour la codification du travail.

Une entreprise ira jusqu'à la limite possible des sacrifices pour les salaires, cette limite dépassée, elle acceptera la guerre qu'est la grève ou fermera ses portes. Peut-être même dépassera-t-elle le but qu'elle s'était fixé à condition d'augmenter sa capacité productrice, d'où résulterait une baisse générale du coût de la vie. Tandis que simultanément à l'augmentation des salaires, la diminution des heures de travail, entraîne une diminution de production et une augmentation proportionnelle du coût de la vie. La question devient alors d'ordre général et intéresse tout le monde au même titre.

La situation est mal comprise, tant au point de vue du travail qui, pour le développement de son bien-être exige un accroissement de revenus, sans satisfaction, puisque tout renchérit, qu'au point de vue général qui comprend une augmentation d'appointements pour une catégorie d'individus, mais qui saisit mal la conséquence de la diminution de production.

De toute façon, le problème social paraît insoluble par le syndicat, arme de combat.

Au point de vue économique, il ne semble pas, dans sa bataille contre le capitalisme, susceptible de le remplacer dans nos relations extérieures, tant qu'il restera exclusivement la lutte du salariat contre le capital, de l'employeur contre l'employé.

C'est la bataille d'homme à homme, d'associations d'hommés contre centralisations de capitaux, mais localisée strictement sur le terrain de bien-être personnel.

Le but est manqué, trop de bataille, trop d'âpreté d'un côté, trop de flottement de l'autre et, pour le moins, impossibilité avec les moyens actuels, d'arriver à trouver un terrain neutre.

Coopératisme.

La Coopération, qui compte actuellement plus de 850.000 membres répartis en 3.000 sociétés se divise en deux grandes catégories, la coopérative de consommation et la coopérative de production.

La coopérative de consommation vise exclusivement à supprimer l'intermédiaire et les bénéfices qu'il prélève, pour se mettre directement en rapport avec la production afin de répartir les marchandises au prix de gros dans la vente au détail.

La coopérative de production, à l'encontre de celle de consommation, est surtout développée en agriculture et vise à prendre de petits paysans isolés, à réunir leurs petits capitaux, leurs forces de travail et leurs produits et à organiser, par un effort commun, une vaste entreprise. Mais dans cette entreprise, chacun a un but très net, pallier par l'association à l'infériorité due à l'isolement de chacun et retirer de l'affaire le plus de bénéfices possible.

Donc, d'un côté, la coopérative de consommation instituée dans le but de payer le moins cher possible les denrées de première nécessité et de l'autre, la coopérative de production destinée à vendre le plus cher possible des produits, pour l'amélioration desquels des sacrifices pécuniaires ont été demandés et consentis.

Que, selon le cas, le consommateur trouve la coopérative de consommation fort appréciable et le paysan agricole la coopérative de production fort à son goût, d'accord, puisque chacun croit y trouver son compte. Mais qu'un parti, quel qu'il soit, cherche à associer les deux fractions et il trouvera devant lui la production qui veut vendre très cher et la consommation qui veut acheter très bon marché. Problème insoluble.

Quand bien même toute la production d'un côté et toute la consommation de l'autre seraient respectivement réunies dans deux seules Fédérations de coopératives, les deux Fédérations resteraient toujours et éternellement deux antagonistes soumis à la loi de l'offre et de la demande.

Néanmoins, si l'ensemble de la coopération, si son application intégrale ne peut répondre à la conception d'aucun parti, de quelque couleur qu'il soit, peut-être chacune des deux fractions du coopératisme répond-elle respectivement et normalement aux deux extrêmes du domaine économique ?

Examinons-les donc dans l'esprit de leurs applications.

Deux groupements importants, deux grandes écoles, l'Ecole de Nîmes et le Parti socialiste, à seule fin de supprimer les intermédiaires, c'est-à-dire le bénéfice par eux réalisé, veulent utiliser, comme trait d'union entre la production et la consommation, la coopérative de consommation pour diminuer le prix de la vie.

Au point de vue économique, tout est donc fort normal, les deux partis passent au-dessus de l'intermédiaire pour se mettre en relations avec la production et, sans encaisser de bénéfices, distribuent à la consommation et au détail, les marchandises au prix de gros.

Un seul point les divise et les différencie. Alors que tous les deux élèvent leurs institutions conformément aux principes des Pionniers de Rochdale, le parti bourgeois inspiré de l'école de Nîmes voit, dans la coopération, une fin en elle-même, l'économie réalisée par la suppression du bénéfice des intermédiaires, alors que le parti-socialiste n'y voit qu'un moyen pour préparer la Cité future et, logique avec lui-même, verse dans la caisse du parti politique, pour frais de propagande, une partie des bénéfices réalisés dans ses coopératives.

Qu'on prenne la question par n'importe quel bout, qu'on l'envisage sous n'importe quel angle, la reconnaissance de la propriété rend le problème unitaire insoluble.

D'un côté, la coopérative bourgeoise, basée sur la propriété individuelle, de l'autre, la coopérative socialiste, basée sur la propriété collective.

Quelles que soient les concessions, quels que soient même les avantages uniquement momentanés que pourrait ou que peut en retirer chacun des deux groupements, une unité de fait ne sera jamais qu'éphémère.

Dans cette première phase de la coopération, comme dans l'ensemble de ses adaptations, se manifestent nettement deux tendances, sans point de contact, dangereuses pour l'ensemble, aussi bien au point de vue social qu'économique.

Examinons maintenant la seconde phase de la coopération.

Dans la coopération, la particularité essentielle tient toute dans la volonté uniforme des deux extrêmes du monde économique de faire appel au même palliatif pour se transformer et pour se combattre.

En effet, comme pour la consommation, socialistes et bourgeois préconisent au même titre l'organisation des coopératives de production dans leur lutte contre le capitalisme d'une part, le patronat et le salariat d'autre part.

Et là comme partout la doctrine s'est pliée à la direction imprimée par les volontés dirigeantes qui ont cru bon de la modifier selon leurs besoins respectifs.

Dès le départ, elle a trouvé des applications différentes dans l'Agriculture et dans l'Industrie.

En matière agricole, la coopérative de production a été développée dans tous les centres où l'individu isolé s'est trouvé impuissant devant la multiplicité et l'exigence des demandes de la consommation.

Tout autre est l'esprit de la coopérative de production industrielle. Là, des ouvriers se réunissent et suppriment la direction patronale et le salaire en organisant sur des bases collectivistes ou communistes une exploitation en commun.

C'est donc, aussi bien dans l'ensemble du système que dans chacune de ses subdivisions, un régime sans portée suffisante, au point de vue général.

Ce peut être l'enrôlement de chacune des fractions du domaine économique, mais ce ne sera jamais ni un moyen économique propre à faire baisser le coût de la vie, ni un moyen social propre à l'apaisement des relations entre les diverses coalitions modernes, pas plus qu'à la création d'un terrain d'entente de toutes les fractions du domaine économique et social.

*
* *

En résumé, devant le régime capitaliste, égoïste et suranné, devant le système étatiste, despotique et exclusif, ne se présentent, comme correctifs, que deux formules, le syndicat et la coopération.

L'un et l'autre ont rendu de grands services momentanés dans leurs sphères respectives. Ils furent l'un et l'autre des moyens transitoires venus et appliqués à leur heure.

Par le syndicat, patrons et ouvriers prirent réciproquement conscience de leur puissance.

Par la coopérative, la production put, dans ses organisations patronales protégées, intensifier sa production, comme la consommation put, dans ses organisations libre-échangistes, améliorer la vie quotidienne.

Mais, dans l'ensemble, toutes ces organisations autonomes constituent des forces collectives de combat intérieur.

Sans liaison, sans attaches, elles ne peuvent, dans leur libre développement, que se renforcer au détriment de l'ensemble.

Les protections momentanées, au gré des circonstances et des hasards de l'heure, ont créé de petites puissances dont la majorité ne se sent nullement entraînée vers un enrégimentement étatiste.

De l'amalgame de leurs puissances et de

leurs conceptions, pourrait seul sortir un idéal nouveau, une réalisation de bien-être général.

Cette évolution est-elle possible ?

C'est ce que nous tentons de démontrer dans le chapitre suivant.

UNE CONSTITUTION ÉCONOMIQUE

Depuis 1791, la France est régie par des Constitutions. Tour à tour monarchiques, révolutionnaires, impériales ou républicaines, décentralisatrices à l'excès ou centralisatrices à outrance, les Constitutions se sont toujours exclusivement modifiées sur des bases politiques, administratives, fiscales ou judiciaires. Les nécessités économiques ou sociales résultant du développement industriel, de l'agglomération des centres urbains et de la facilité des moyens de relations et d'échange ont, jusqu'à ce jour, été réglées sans que soit envisagé l'intérêt général, mais trop souvent sous la poussée de réclamations, entraînant des transformations immédiates.

En fait, dans notre époque de centralisation à outrance, centralisation d'individus, de capitaux et de produits, notre organisation administrative centralisatrice répond assez mal aux besoins complexes du monde économique. S'il est vrai que le département de l'Agriculture défend passionnément les mesures protectionnistes utiles au développement de la production agricole, en revanche, le Commerce, nettement libre-échangiste, fait cause commune dans un même Ministère avec l'Industrie protectionniste.

Par un décret de 1906, le Travail constitue aujourd'hui un département autonome, centre de statistiques plus que représentation des besoins du travail, et nous avons vu lors de la discussion du budget que nos parlementaires cherchent encore à quels départements doivent être rattachés les sous-secrétariats de la Marine marchande et des Postes et Télégraphes.

Donc, si l'on peut, à la rigueur, soutenir que, devant les Chambres, les besoins du monde économique sont représentés au point de vue administratif, on ne peut, en revanche, trouver aucun point de contact, aucun terrain neutre de libre discussion et d'entente pour la défense des intérêts presque toujours, de prime abord, diamétralement opposés. Et c'est beaucoup par

la discussion isolée de ces intérêts divers, tous
d'ailleurs fort respectables et fort justes, que se
perd l'intérêt général, dans le point de vue particulier. C'est par la discussion de ces cas
isolés que, tour à tour, s'élèvent les droits de
douanes indispensables à l'Agriculture, mais
aussi que s'allouent les dégrèvements non
moins indispensables au Commerce que les
douanes gênent dans le mouvement des
échanges.

C'est par eux aussi que le budget des dépenses s'accroissant d'autant, des surtaxes ou
des impositions nouvelles sont appliquées qui
correspondent aussitôt à une nouvelle augmentation du coût de la vie.

C'est partout le même cercle vicieux constitué, tant par la défense partielle des intérêts
opposés de la production et de l'échange, que
par les intérêts contraires des employeurs et
employés.

C'est partout l'intérêt général nettement sacri-
fié pour la défense successive et très juste, dans
chaque cas particulier, d'intérêts personnels,
momentanément et superficiellement opposés.
Superficiels, parce qu'en somme, les bienfaits

des résultats particuliers opposés disparaissent, tout ou partie, dans l'ensemble de cet imbroglio économique.

Ce qui manque, c'est le terrain neutre de libre discussion où seraient étudiés les intérêts particuliers conformément à l'intérêt général et non pas à leur point de vue exclusif car, si le résultat obtenu peut momentanément paraître de quelque valeur, il la perd dès qu'il reprend sa place comme chaînon de la grande chaîne indivisible qu'est le monde économique.

Ce qui manque à notre organisme économique, c'est l'élément supérieur d'origine strictement économique.

Et c'est à la recherche de ce problème que des hommes, venus des points extrêmes du domaine politique ou philosophique, n'ont pas hésité à apporter leur participation.

L'idée directrice et commune à tous les projets, à toutes les tentatives, est un principe de décentralisation. Or, s'il est intéressant, au point de vue économique, de séparer les problèmes régionaux de l'élément politique, il ne faut pas perdre de vue que la plupart des conflits sociaux émanent de la solution qu'on donne à ces difficultés économiques.

Les deux questions sont liées et on ne peut présentement toucher à l'une sans s'occuper de l'autre.

Il est de toute évidence qu'en matière sociale, le vote des différentes lois ouvrières a dû, en principe, accroître de beaucoup la somme de bien-être des travailleurs.

Le Code du travail s'est, plus particulièrement depuis une trentaine d'années, considérablement enrichi de textes légaux tendant, avec un accroissement de bien-être personnel et général à une détente entre les éléments opposés du travail.

Or, il est patent que l'application des lois dites sociales, loin de rapprocher les éléments du travail, patronat et salariat, les a proportionnellement éloignés les uns des autres.

Quelles sont donc les causes qui motivent ce mouvement contraire à l'idée directrice de ces lois ?

A notre avis, la principale, l'essentielle, on pourrait presque dire l'unique cause tient toute dans ce que les lois ont été faites et votées, non pas dans un esprit de concorde, non pas dans un désir de liaison des intérêts opposés, mais dans un besoin immédiat de calme général, de satisfaction momentanée accordée à l'une ou à l'autre des parties.

La loi de mars 1884, sur la constitution des syndicats professionnels est parfaite en tous points dans son esprit. Donner aux groupements corporatifs le droit de se réunir, de se soutenir et se défendre, correspond simplement à garantir le droit de vivre et cette loi répond fort bien aux nécessités économiques au moment de la transformation industrielle et de la puissance constamment accrue des centralisations économiques de toutes catégories. Cependant, les heurts eussent été moins nombreux et moins violents, si au lieu de mettre face à face et en bataille, syndicats patronaux et syndicats ouvriers, on avait institué des syndicats mixtes où employeurs et employés, plus rapprochés, se connaissant mieux et jugeant plus équitablement les intérêts de chacun dans l'intérêt général, eussent vraisemblablement abrégé la durée des conflits.

La loi de juillet 1906 sur le repos hebdomadaire, essentiellement logique et équitable, eut le tort, en rendant son application collective, d'ignorer les besoins généraux, strictement conformes en la circonstance, aux besoins des intérêts protégés, et de mettre face à face employeurs et employés, soulevant ainsi de nouveaux différends.

Un seul article pouvait résumer le projet de loi : Repos hebdomadaire obligatoire, au jour fixé par entente entre l'employeur et l'employé. Les syndicats et les inspecteurs du travail auraient fait le reste.

Mais à quoi bon entrer dans la discussion des dernières lois sociales, en principe, équitables et humaines qui, pour la plupart destinées à rendre une justice tardive ou à apporter le calme dans un milieu protestataire, n'ont cependant pas évité d'y introduire un esprit inquiet et souvent tracassier.

C'est ce manque de stabilité qui est à la base, ce sentiment d'animosité ou de rancune qui en découle, qui doivent à tout prix disparaître.

C'est cette liaison des transformations économiques et des besoins sociaux qui doit être résolue dans le problème de demain.

Le mode de compréhension actuel de la Chambre, la répartition de nos élus permet-elle d'en espérer la réalisation ? Voyons sa composition.

La population active du pays est évaluée à 20 millions d'individus.

Dans le tableau général des patentes en France, les professions libérales comptent environ 120.000 personnes et les représentants des professions libérales à la Chambre ont été aux dernières élections, avocats, médecins, professeurs, avoués, etc., de 345 élus.

Le monde économique tout entier, Agriculture, Industrie et Commerce comprend environ 1.700.000 patentés qui sont, à la Chambre, représentés par 99 élus industriels, négociants, agriculteurs, etc. Nous ne tenons pas compte dans ces patentés des artisans, fermiers et métayers, dont le nombre dépasse 4 millions. Ce serait donc, au point de vue professionnel, près de 6 millions d'individus représentés par 99 élus.

Et la classe ouvrière qui comprend plus de 11 millions d'individus est représentée par 47 élus, ouvriers et employés de commerce.

Donc, si nous voulons résumer la classification, au point de vue professionnel, c'est pour cette dernière législature, 345 élus représentant 120.000 personnes exerçant des professions libérales, 99 élus représentant les 6 millions de patrons du domaine économique et 47 élus représentant les 11 millions d'ouvriers et d'employés.

Que tous, sans exception, soient qualifiés pour traiter et résoudre les grands problèmes de politique, d'affaires étrangères, de guerre, de marine, de colonies, sans pouvoir l'affirmer, admettons-le.

Mais le reste ?

Et le reste comprend les importants problèmes économiques et sociaux qui se développent avec une intensité, dont les effets sont facilement constatables par la nécessité du vote des lois de solidarité, de justice sociale et surtout par la part équitable de chacun aux dépenses publiques.

Cette formule contient la vie du pays, c'est par elle que l'essor est pris ou arrêté et il est curieux que la proportion de représentation ne se fasse pas d'elle-même plus normalement. Le danger de cette absence de proportion est d'apporter dans la recherche de la solution des problèmes économiques et sociaux, dans les conflits qui en résultent, des sanctions équivoques qui mécontentent tout le monde.

Le danger, par manque de compétences spéciales est, selon le cas et quel que soit le cas, de faire trop ou pas assez.

Est-ce à dire que dans la représentation de la Chambre, il devrait être tenu compte de la proportion des fonctions sociales ou économiques ? Non, car la représentation politique doit s'exercer sur trop de questions différentes pour qu'on puisse la soumettre dans son élection, à une seule face du problème général.

Mais enfin la fonction sociale et économique est d'importance suffisante pour qu'elle ait, auprès des pouvoirs élus, auprès de ceux qui font et votent les lois, préparent et votent les budgets, sa proportion équitable de représentation.

Or, en fait, les intérêts de l'ensemble économique, c'est-à-dire de ce qui travaille, produit et paie, sont entre les mains des commissions d'enquêtes et des services administratifs.

Voilà deux rouages qui, pour obtenir chacun

dans sa sphère des avis éclairés, doivent simplement acquérir les connaissances des professionnels les plus divers.

Pourquoi donc ne pas constituer tout naturellement ces commissions d'enquêtes et cette administration sous une forme homogène? Pourquoi ne pas réunir ces tenants et aboutissants de l'élément économique en un organe véritablement compétent?

Pourquoi dès lors ne pas instituer à un degré inférieur des Assemblées politiques la représentation professionnelle?

Le parti socialiste qui base surtout son effort sur l'organisation économique l'a si bien pressenti que, dans sa victoire des dernières élections, il a envoyé au Parlement, sur 102 députés, 63 petits patrons, artisans, ouvriers manuels ou employés contre 39 membres de professions libérales.

Encore une fois, il serait dangereux, à notre avis, de voir se généraliser cette tendance.

Si la Chambre doit s'occuper des conflits sociaux et économiques, il ne lui faudrait pas cependant en faire sa fonction exclusive, d'autres problèmes l'appellent, d'autres questions l'accaparent. D'autant plus même que si l'on arrivait à subordonner toutes les questions nationales à la question économique, le pourcentage de représentation professionnelle ne serait, pour cela, nullement obtenu.

Sur 39 millions d'habitants, les suffrages exprimés à chaque consultation nationale évoluent autour de 8 à 10 millions. La représentation parlementaire est donc, avec le mode de scrutin actuel, la représentation exclusive de 5 à 6 millions d'électeurs.

Si l'on veut envisager le résultat d'une réforme électorale, dans la plus large acception du terme, par représentation des minorités, on arrive à faire représenter au Parlement les vues politiques, économiques ou sociales de 8 à 9 millions d'électeurs, à peine le quart de la population totale du pays.

Mais, par ailleurs, la représentation professionnelle s'impose non moins et à brève échéance.

La solution est à chercher dans un élargissement du système régissant l'organisme.

Or, comment s'effectuera ce mouvement général ? Par quel mode le traduira-t-on ?

Les moyens actuels sont notoirement insuffi-
sants.

L'étatisme, le syndicat, la coopération ou la
mutualité n'envisagent, chacun à son point de
vue, qu'une fraction de l'ensemble. Reste donc
le seul cas possible, la discussion des intérêts
généraux dans des groupements régionaux, la
mobilisation économique de toutes les forces
naturelles du pays pour la défensé de la ri-
chesse nationale, pour la balance de ses dépenses et de ses recettes.

C'est dans cet esprit que nous envisageons la
Constitution.

ORGANISATION
DES GROUPEMENTS NATURELS

Dans cette étude d'une organisation en une Confédération des groupements naturels, deux grands points caractéristiques se présentent dès l'abord, le premier ayant trait à la formation des individus, le second au fonctionnement des groupements. La formation des individus consiste, soit à les mélanger, c'est-à-dire à réunir, dès le départ, les individus d'origines diverses et d'intérêts opposés, soit à les classer par catégories naturelles pour ne les rapprocher, les souder, que dans une Chambre centrale composée des différents délégués des Chambres d'origine.

Le fonctionnement des groupements consiste à réunir les délégués des éléments naturels dans une série de trois Chambres, la première élue au premier degré, les deux autres, consécutivement, au second et troisième degré.

Nous nous arrêtons sans hésitation pour la formation des individus, à la fusion des origines dès la constitution des premières Chambres régionales, de façon à créer à la base, contrairement à l'organisation syndicale, un mélange d'origines diverses, entraînant la discussion immédiate des intérêts contraires, de même que nous nous arrêtons à la constitution de trois Chambres consécutives, pour la même raison, mélanger d'abord les intérêts opposés de la cellule d'origine, envisager ensuite les intérêts réunis et non moins opposés de quatre de ces groupements, avant d'arriver à la Chambre centrale, avec un nombre restreint, le plus restreint possible, de délégués.

De cette façon, ayant passé par les trois Chambres consécutives, les délégués arriveraient à la Chambre centrale avec une connaissance approfondie des intérêts divers, par conséquent de l'intérêt général, de leur région d'abord, puis des régions qui les environnent, et qui constitueraient avec la leur la Fédération régionale. Ce mode de fonctionnement a le gros avantage de limiter le nombre des membres de la Chambre centrale et nous avons vu, par la pratique, en matière politique, que si le nombre ne constitue pas forcément la valeur, il gêne souvent, par ses longueurs, dans la discussion et la recherche des solutions.

Nous présentons donc une succession de trois Chambres où, dans chaque catégorie, le groupement employeur et le groupement employé sont représentés à fractions égales. Nous divisons l'organisme économique en cinq catégories le représentant assez exactement dans son ensemble :

1° L'Agriculture, c'est-à-dire l'extraction comprenant également les mines, la pêche, la chasse ;

2° L'Industrie comprenant tous les groupements de transformation industrielle ;

3° Le Commerce, c'est-à-dire tous les groupements de la conservation et de l'échange ;

4° La Banque, transport de la valeur d'échange ;

5° Les Transports, moyens de relations et de communications de toutes catégories.

Dans la constitution de cet organisme, dont il serait facile d'envisager le suffrage et l'élection de l'élément féminin, nous avons cherché tout d'abord à éviter, en ne froissant aucune susceptibilité, toutes les apparences de fusion, même nominales, et c'est dans cet esprit que nous avons choisi des expressions nouvelles.

Dans la poursuite de ce but et de façon à ne créer aucune corrélation entre l'organisme nouveau et l'organisation administrative existante, nous avons pris comme base territoriale de la Chambre élue au premier degré, une circonscription nouvelle dans notre administration, mais existante, la Division universitaire, ce qui nous a permis de créer 16 Chambres ou *représentations locales*, avec réunions trimestrielles au siège de la division.

Le choix de la division universitaire nous semble intéressant en ce sens que le fait de s'assembler au siège de la Division entraîne pour les représentants la possibilité d'approcher les compétences juridiques.

Dans cette première réunion du monde économique en *représentations locales*, nous trouvons dans une même proportion, les cinq groupements qui constituent le domaine économique. A notre avis, il y a avantage à examiner immédiatement les intérêts locaux et à obliger ainsi leurs représentants à exposer et discuter dès l'abord leurs intérêts particuliers dans l'intérêt général.

Chaque *représentation locale* comprend donc en totalité 160 membres qui, parmi eux, nomment leurs délégués aux *délégations régionales*, respectivement composées de quatre *représentations locales*, formant ainsi en France quatre *délégations régionales*, se réunissant semestriellement dans la plus forte ville de la région.

Chaque Représentation nomme à la Délégation quatre représentants de chacune de ses sections, soit le quart de ses membres.

Et cette réunion de quatre Représentations en une Délégation a le grand avantage de faciliter la discussion de 160 membres, représentant, dans l'ensemble de quatre circonscriptions, les intérêts de tous les groupements économiques, sans avoir encore fait le plus petit appel aux groupements politiques, preuve que la discussion des questions économiques ou sociales a été seule à l'ordre du jour.

Là, se seront déjà heurtés, avant d'être éclaircis, les grands courants d'idées, les grandes causes naturelles ayant occasionné trop souvent des bouleversements économiques intérieurs.

Chacune de ces quatre *délégations régionales* nomme alors ses délégués près d'une *consultation nationale*, unique en France, élection faite à raison du quart de ses membres, de façon qu'à la *consultation nationale* annuelle, composée également de 160 membres, chaque Représentation locale, base de la Constitution, soit représentée par un de ses membres dans chacune de ses catégories.

Et, là dans cette *consultation nationale*, véritable antichambre de nos Assemblées législatives, successeur désigné des commissions d'enquêtes, se discuteront toutes les grandes questions d'intérêt général, s'émettront les vœux tendant à la législation économique et sociale. Les intérêts de chacun y seront susceptibles d'être au mieux défendus et soutenus dans l'intérêt général, puisqu'ils auront été successivement examinés et tamisés, d'abord à la *représentation locale*, ensuite dans quatre régions réunies à la *délégation régionale*, pour arriver enfin à la *consultation nationale*.

Le pays élira donc ses *représentants* qui, eux-mêmes, désigneront leurs *délégués*, parmi lesquels seront choisis les *consultants*.

Au surplus, ce mode de fonctionnement aurait, à notre avis, l'avantage de créer, tant au point de vue local que régional et national, des groupements élus ne comprenant que 160 membres, c'est-à-dire présentant le maximum de discussion et de solution possible par le minimum de représentants.

Maintenant, il n'est pas douteux que cet exemple soit essentiellement discutable à tous points de vue, soit dans son essence même, soit, au cas où l'on voudrait lui faire crédit, dans ses applications de détail.

Ce que nous avons voulu tracer, c'est le canevas d'une organisation nouvelle, c'est un moyen de transformation économique et sociale qui s'impose, face à toutes les réformes, électorale, administrative, fiscale ou judiciaire dont l'ensemble constitue les problèmes de demain.

*
* *

Et pour terminer, qu'il nous soit permis d'aller jusqu'au fond de notre pensée. Nous sommes tous convaincus que la paix future sera une paix durable, nous avons tous l'espoir que le monde ne reverra plus la sinistre hécatombe à laquelle nous assistons.

Cependant, qui peut répondre de l'avenir, qui peut affirmer que de cet insoluble problème d'une race prolifique ne sortira pas un jour quelque nouvelle difficulté ? Sans l'envisager même les armes à la main, le choc peut se produire sur le terrain exclusivement économique, de façon aussi inattendue qu'est sortie la guerre européenne.

Et alors, dans tous les cas, une Constitution économique, arme de paix et de travail devient, en cas de conflit, la plus belle arme de défense qu'il soit possible de posséder.

Arme de travail toujours, elle peut être, comme puissance de production, un premier jalon vers un beau rêve d'entente universelle.

Arme défensive de combat, elle serait, à l'heure du danger, le rouage qui existe, qui fonctionne d'une mobilisation économique qui assure la vie du pays.

Et sans vouloir terminer par une critique — l'essai est trop une œuvre de concorde pour que le reproche puisse nous être adressé — il nous est cependant permis de conclure en rappelant qu'au mois d'août 1914, son fonctionnement eut rendu de signalés services au pays.

TABLE

Introduction 7

La reprise de la vie économique 11

    Capitalisme 16

    Etatisme 20

    Syndicalisme 23

    Coopératisme 29

Une Constitution économique 37

Organisation des groupements naturels 50

SAINT-AMAND (CHER). — IMPRIMERIE BUSSIÈRE